Miho INOUE / Florence Yoko SUDRE

SURUGADAI-SHUPPANSHA

本書には，本文を吹き込んだ別売りCD（本体800円＋税）（ISBN 978-4-411-11353-5）を用意しております．
　また，iTunes, FeBe!（http://febe.jp/）で，有料で音声ダウンロードができます．どうぞ，ご利用ください．

はじめに

　この教科書では，読解と文法の両方が学習できます．各課の最初の見開き2ページは，読解用の文章です．日本人が興味を持ちそうな話題について，平易な構造のフランス語で書かれています．ネット上には面白そうな記事がたくさんありますが，その文章の構文は複雑で，フランス語を1〜2年学習しただけの人には難しすぎます．そのような複雑な文章を読める段階に至るための架け橋として，この教科書を作りました．

　読解用文章の次の見開き2ページには，文法問題と読解問題があります．文法問題で扱う項目は，複合過去と半過去の使い分けから始まります．初級向けの『アンフォ・ジュニア』の最終学習項目が複合過去と半過去であるため，そこからのつながりを重視しました．問題で使われる例文はその課の話題と連携していますので，読解の文章で得た知識をここでさらに増やすことができます．

　最後にある読解問題には，次の工夫を加えました．読解の能力には，構文を見抜く力が含まれます．例えば « A alors que B » という表現を目にした時に，「AとBは対立する内容であるはずだ」という見通しが持てれば，読解をよりスムーズに行うことができます．この構文を見抜く力を養うために，« A alors que B » のような表現を読解問題では頻繁に取り上げました．

　おかげさまでInfosシリーズも5巻目を発行するに至りました．少しずつですが，改善を続けてまいりたいと存じます．

2017年9月　著者

● もくじ ●

はじめに
もくじ

1. モン＝サン＝ミッシェル　世紀の大潮
   La marée du siècle au Mont-Saint-Michel _____ 6

2. チュニジアの過去と現在
   La Tunisie, hier et aujourd'hui _____ 10

3. レッドブル税
   Taxe Redbull _____ 14

4. サロン・デュ・ショコラ
   Salon du chocolat _____ 18

5. エッフェル塔の著作権
   Les droits d'auteur de la tour Eiffel _____ 22

6. ワーテルローの戦い二百周年
   Le bicentenaire de la bataille de Waterloo _____ 26

7. カレーのジャングル
   La jungle de Calais _____ 30

8. ラグビーと国籍
   Rugby et nationalité _____ 34

9. 逸脱した，ある抗議活動
   Une manifestation qui dérape _____ 38

10. ルーブル美術館を走る？
    Courir dans le Louvre ? _____ 42

11. 観光の女王フランス
    La France, reine du tourisme _____ 46

12. ブレグジットとは？
    Brexit ? _____ 50

13. ニースのテロ事件
    Attentat à Nice _____ 54

14. カマンベール... ただしノルマンディーの
    Le camembert... de Normandie _____ 58

15. フランスの家族と出生率
    Famille française et natalité _____ 62

La marée du siècle au Mont-Saint-Michel
モン＝サン＝ミッシェル　世紀の大潮

Le 21 mars 2015, le Mont-Saint-Michel a été envahi par une foule de plus de 30 000 personnes. Une marée humaine ? Non, c'était la « marée du siècle ». La meilleure place pour contempler ce spectacle, c'était la terrasse de l'abbaye du Mont. La mer s'est d'abord retirée, puis est remontée de 14 mètres à toute vitesse. On appelle ce phénomène la marée du « siècle », mais il se produit en réalité une fois tous les dix-huit ans.

Pour trouver la première construction du Mont-Saint-Michel, il faut remonter le temps jusqu'en 709, quand, selon l'Église, l'archange Michel est descendu du Ciel pour donner l'ordre d'y construire une église. Aux XIe et XIIe siècles, les bâtiments se sont agrandis et sont devenus église abbatiale. Au XIIIe siècle, le roi de France Philippe Auguste, après avoir réalisé la conquête de la Normandie, a fait une grande donation à l'abbaye. Grâce à cette donation, elle est devenue un merveilleux ensemble de bâtiments gothiques de trois étages. Pendant la guerre de Cent Ans (du XIVe au XVe siècle), les bâtiments ont été transformés en forteresse. Sous la Révolution française et jusqu'au Second Empire napoléonien, l'abbaye a servi de prison. Et, depuis 1874, c'est l'État français qui en est le propriétaire. En 1979, l'UNESCO a inscrit le Mont-Saint-Michel et sa baie au Patrimoine mondial. Actuellement, ce site touristique reçoit plus de 2,5 millions de visiteurs chaque année.

Mais attention quand vous y allez, il ne faut jamais se promener seul sur le sable autour de l'île. Comme il y a des sables mouvants, si on est happé par ce type de sable, il est difficile d'en sortir et on risque d'en mourir. Pour faire une promenade sur le sable, il est nécessaire d'aller à l'Office de tourisme pour se faire accompagner par un guide.

文法　複合過去

1 avoir を使う複合過去の練習です．①まず contempler の活用形を確認しましょう．②次に trouver の活用形を書きましょう．

contempler	j'ai contemplé	nous avons contemplé
	tu as contemplé	vous avez contemplé
	il a contemplé	ils ont contemplé
	elle a contemplé	elles ont contemplé

2 être を使う複合過去の練習です．①arriver の活用形で過去分詞の一致を確認しましょう．②descendre の活用形を書きましょう．

arriver	je suis arrivé(e)	nous sommes arrivé(e)s
	tu es arrivé(e)	vous êtes arrivé(e)(s)
	il est arrivé	ils sont arrivés
	elle est arrivée	elles sont arrivées

3 助動詞 avoir, être の使い分けに注意して，かっこ内の動詞を複合過去にしましょう．

1. Grâce à la marée du siècle, le Mont-Saint-Michel (recevoir) plus de 30 000 touristes.
2. Une touriste a dit : « L'eau de la mer (monter) très très rapidement ! »
3. La marée du siècle (faire) la joie des touristes.
4. Au VIIIe siècle, l'archange Michel (ordonner) à un évêque de construire une église sur un îlot.
5. Au Xe siècle, des bénédictins (venir) s'établir sur l'île. Ainsi, l'église (devenir) une abbaye.

4 代名動詞の複合過去です．se retirer は，se が直接目的なので過去分詞の一致があります．

je me suis retiré(e)	nous nous sommes retiré(e)s
tu t'es retiré(e)	vous vous êtes retiré(e)(s)
il s'est retiré	ils se sont retirés
elle s'est retirée	elles se sont retirées

1. La marée du siècle au Mont-Saint-Michel

Ils se sont écrit. という文の se は間接目的なので，過去分詞の一致はありません．次の例で①が一致有り，②が一致無しなのはなぜでしょうか．
① Elle s'est lavée.　② Elle s'est lavé les mains.

5　複合過去にしましょう．1か所だけ過去分詞の一致がありません．
1. Beaucoup de touristes (s'installer) sur la terrasse de l'abbaye pour profiter de la meilleure vue.
2. Deux grands spectacles (se succéder) : l'eau (se retirer) d'abord le long de la baie, puis elle (revenir) à toute vitesse.
3. Les touristes (s'étonner) de la vitesse de l'eau de la marée montante.
4. À cause de la marée du siècle, le Mont-Saint-Michel (se couper) complètement du continent.　注：副詞 complètement は過去分詞の前へ．
5. Heureusement, personne (s'aventurer 否定形) sur le sable de la baie pendant la marée du siècle.

読解

1　第1段落の « marée du siècle » は，なぜ目立つように « » (guillemets) で囲まれているのですか．
2　第1段落の最後にある mais は逆接の接続表現です．2つのどのような事柄が逆接で結ばれているのですか．
3　モンサンミッシェル建設のきっかけは何ですか．
4　モンサンミッシェルが立派な建物となっていった過程を，年代順に説明して下さい．
5　モンサンミッシェルの建物は，宗教目的以外に，かつてどのような使われ方がされましたか．
6　現在のモンサンミッシェルは，どのような場所となっていますか．2,5 millions という数を，説明の中に入れて下さい．
7　どのような注意（最後の段落）が必要ですか．そして，なぜそのような注意が必要なのですか．

La Tunisie, hier et aujourd'hui
チュニジアの過去と現在

La Tunisie a une grande histoire qui commence bien avant Jésus-Christ. Au VIIIe siècle avant J.-C., une reine a fondé dans le nord de l'Afrique une cité qui est devenue Carthage. Très puissante, Carthage a rivalisé avec l'Empire romain qui se trouvait de l'autre côté de la mer Méditerranée. Ces deux grandes civilisations sont entrées en guerre à trois reprises. Il s'agit des guerres puniques.

Lors de la deuxième guerre punique, le général Hannibal s'est rendu célèbre par sa traversée des Alpes avec ses éléphants de guerre. Après la troisième guerre punique et la défaite de Carthage, Rome a décidé de détruire complètement la ville pour éradiquer son ennemi à jamais. La ville détruite a été rasée, puis le sol a été semé de sel pour que rien ne puisse repousser.

Ensuite, la région a été conquise par plusieurs grandes puissances, avec les conquêtes arabe ou ottomane. De 1881 jusqu'à 1956, la Tunisie a été sous protectorat français. Après son indépendance en 1956, Ben Ali a mené un coup d'État constitutionnel en 1987, et est devenu le président du pays. Sa présidence, qualifiée de dictatoriale, a duré 23 ans, jusqu'en 2010.

Cette année-là, la révolte démocratique s'est propagée dans tout le pays et Ben Ali a dû s'exiler en Arabie saoudite. Cette série d'événements est appelée la révolution de Jasmin, déclenchant le Printemps arabe. Malheureusement, ce Printemps arabe a provoqué le chaos dans d'autres pays arabes, mais la Tunisie a été relativement épargnée par ce chaos. Elle réalise des pas stables et assurés vers la démocratie. En effet, c'est le niveau élevé d'éducation de son peuple qui a largement contribué à cette réussite.

文法 半過去と複合過去

1 ①半過去の活用形を確認しましょう．

trouver	je trouv<u>ais</u>	nous trouv<u>ions</u>
	tu trouv<u>ais</u>	vous trouv<u>iez</u>
	il/elle trouv<u>ait</u>	ils/elles trouv<u>aient</u>

②半過去の活用語尾は一定です．être の活用形を完成させましょう．

être　　　j'étais, tu...

2 過去の「できごと」には複合過去，そのできごとが起きた「状況や背景」には半過去を使います．

　チュニジアは民主的な選挙を実行し着実な歩みを続けていますが，テロ事件が起きることもあります．2015年3月，日本人3人を含む24人の死者を出したテロ事件が Bardo 博物館でおきました．犯人はその場で射殺されました．かっこ内の動詞を，半過去または複合過去に活用させましょう．

1. Il (être) environ midi à Tunis. Les deux terroristes (entrer) dans le musée du Bardo. Ils (avoir) des Kalachnikovs à la main.
2. Le jour de l'attentat, la vidéo de surveillance (être) en marche. Trois jours plus tard, le ministère de l'Intérieur tunisien (rendre) publiques les images des deux assaillants.
3. Quatre Français (mourir) dans l'attentat.
4. Trois touristes japonaises (être) parmi les victimes en Tunisie.
5. Les autorités (identifier) les deux terroristes. Ils (avoir) tous les deux la nationalité tunisienne.

3 期間の表現（pendant, de... à..., tout など）や，回数の表現（数+fois など）がある場合は，半過去ではなく，複合過去を使います．

- De 1881 <u>à</u> 1956, la Tunisie <u>a été</u> sous protectorat français.（本文から抜粋）
- Ces deux grandes civilisations <u>sont entrées</u> en guerre <u>à trois reprises</u>.（本文から抜粋）

4 かっこ内の動詞を，半過去または複合過去に活用させましょう．その時制を選

2. La Tunisie, hier et aujourd'hui

んだ理由を，次の①②③から選んでください．

① 状況・背景を表すから半過去．② できごとを表すから複合過去．③ 期間や回数の表現があるから複合過去．

1. Ben Ali (être) au pouvoir pendant 23 ans. Il (élire 受動態) président cinq fois de suite.
2. Le 18 mars, les médias et les réseaux sociaux (transmettre) toute la journée les témoignages de l'attentat au musée du Bardo.
3. D'abord, on (annoncer) 19 morts. Mais le bilan (revoir 受動態) plusieurs fois, et finalement il (atteindre) le nombre de 22.
4. Du 18 au 29 mars, le musée (rester) fermé. Le 30, ce (être) le jour de la réouverture, le musée (accueillir) peu de visiteurs.
5. Après l'attentat, pendant deux mois, le ministère de l'Intérieur tunisien (rechercher) un Marocain qui (impliquer 受動態) dans l'attentat. En mai 2015, il (arrêter 受動態) à la frontière entre la Libye et la Tunisie.

読解

1 第1段落の guerres は，なぜ起きたのですか．

2 第2段落．誰が，どのようなことについて，célèbre なのですか．

3 第2段落．なぜ complètement に策がとられたのですか．そして，complètement の内容を具体的に説明して下さい．

4 guerres puniques の終了後から2010年まで，現在のチュニジアがある場所を支配した国・人物の名前を列挙して下さい．

5 la révolution de Jasmin は，テキストでどのように説明されていますか．le Printemps arabe とは，どのような関係にありますか．

6 最後の段落の mais（27行目）は，逆接の接続表現です．2つのどのような事柄が逆接で結ばれていますか．

7 文章最後の réussite は，どのような内容の réussite ですか．そして，なぜ réussite に至ったのでしょうか．

Taxe Redbull
レッドブル税

Beaucoup d'entre vous avez sans doute déjà essayé des boissons énergisantes comme Red Bull ou Monster. Elles sont autorisées en France depuis 2008. Depuis peu, 40 millions de litres y sont consommés chaque année, elles constituent un très grand marché. Il en est de même pour l'Europe. Selon une enquête européenne réalisée en 2012, 30 % des adultes prennent ces boissons, dont 12 % en boivent à la hauteur de 4,5 litres par mois.

Il faut savoir que ces boissons dites « énergisantes » sont différentes des boissons « énergétiques » telles Overstim·s ou Isostar. Celles-ci font partie des compléments alimentaires qui sont strictement encadrés par un décret européen depuis 2006. Elles répondent aux besoins spécifiques du sportif pour une bonne hydratation ou la récupération. En revanche, les boissons énergisantes ne sont pas soumises à la législation. En effet, le terme « énergisant » est purement commercial et vise à donner une image de mobilisation d'énergie. En réalité, ces boissons stimulent notre système nerveux essentiellement par l'effet de la caféine.

D'après l'étude de l'Agence nationale de sécurité sanitaire de l'alimentation, de l'environnement et du travail (Anses), 96 % des boissons énergisantes sur le marché français contiennent de la caféine. La teneur d'une canette standard de 250 ml équivaut à deux cafés express de 50 ml ou à deux canettes de Coca-Cola de 330 ml. La caféine est connue pour ses effets indésirables : anxiété, tachycardie et troubles du sommeil, notamment.

文法 大過去と複合過去

1 大過去は，過去のある時点（基準点）で既におきていたことを表す時に使います．次の例の基準点は a publié で示されています．

L'Anses <u>a publié</u> un rapport en 2013 pour informer sur le risque des boissons énergisantes. Avant sa publication, l'agence <u>avait collecté</u> des données médicales.

①大過去は，「助動詞の半過去形＋過去分詞」で作ります．collecter の活用形 je 〜 elles までを書きましょう．

②助動詞が être の時は，過去分詞の一致があります．entrer の活用形 je 〜 elles までを書きましょう．

2 エナジードリンクの無秩序な摂取を危惧した下院議員 Gérard Bapt 氏は，一定のカフェイン含有量を越えるドリンクについて税金を課す法案を提出しました．一旦採決された法律は，憲法評議会の意見による修正を経て，2014年1月から施行されています．通称「レッドブル・タックス」と呼ばれています．税のせいで商品の価格を上げざるを得ないことを嫌ったメーカーは，カフェインの含有量を下げて販売を続けました．

①かっこ内の動詞を，大過去にしましょう．②基準点となる箇所に下線を引きましょう．

1. La taxe Redbull est entrée en vigueur en janvier 2014. On peut en fait l'appeler « taxe Redbull saison 2 » parce que le Conseil constitutionnel la (censurer) une fois en 2012 et que le Parlement (voter) son amendement en 2013.
   amendement：（法案の）修正

2. En automne 2014, l'entreprise Redbull a réduit la teneur en caféine de sa boisson d'un tiers parce que la taxe Redbull (entrer) en vigueur en janvier.

3. En 2015, la taxe Redbull n'a rapporté que 3 millions d'euros contre les 65 millions d'euros escomptés. C'est parce que l'entreprise Redbull (réduire) en 2014 la teneur en caféine d'un tiers.

4. Le député Gérard Bapt s'est satisfait du montant peu élevé de la taxe

parce que, d'après lui, on la (créer) pour la santé publique et non pas pour la rentabilité financière.

3 大過去の受動態を作る時は，「être＋過去分詞」の être を大過去にします．次に続けて，appeler の大過去受動態の活用形を完成させましょう．

appeler   j'avais été appelé(e), tu...

4 エナジードリンクは，アルコールと混ぜての摂取・運動時の摂取に注意が必要です．かっこ内の動詞を，複合過去または大過去に活用させましょう．1か所，大過去の受動態が必要となります．

1. En 2013, un adolescent de 16 ans (s'écrouler), peut-être parce qu'il (prendre) régulièrement des boissons énergisantes avant de faire du sport.
2. Le père de l'adolescent qui (hospitaliser) a demandé à faire des analyses sur ce point.
3. Une autre adolescente de 16 ans (décéder) juste après avoir dansé. Elle (mélanger) de la boisson énergisante à de l'alcool pendant la soirée.
4. « Hier soir, je (boire) une boisson énergisante. Mais je (déjà prendre) plusieurs tasses de café dans la journée. Ça faisait trop de caféine. »

読解

1 第1段落の40 millions という数字を説明して下さい．

2 第1段落の30％，12％，4,5という数字を説明して下さい．

3 規制の観点から，boissons énergisantes と boissons énergétiques を比較してください．

4 人体に対する働きという観点から，boissons énergisantes と boissons énergétiques を比較してください．

5 最後の段落の96, 250, 50, 330という数字を説明して下さい．

Salon du chocolat
サロン・デュ・ショコラ

Vous aimez le chocolat ? Oui, certainement. Quelques-uns d'entre vous êtes sans doute allés au Salon du chocolat qui s'est tenu dans plusieurs villes japonaises. La popularité du Salon au Japon ne cesse d'augmenter : en 2014, les visiteurs ont dépassé le nombre de 100 000 et l'organisateur a dû déplacer le Salon dans un plus grand site. Le Salon du chocolat Tokyo 2016 a réuni 100 marques provenant de 19 pays et, aux heures de grande affluence, c'était comme si on était dans un train bondé.

Le Salon du chocolat a été créé en 1994 en France. Depuis, il a lieu tous les ans dans des villes françaises. À Paris, c'est toujours au mois d'octobre à la Porte de Versailles. Il a fait son apparition au Japon en 2003.

Notre pays est en effet le premier pays importateur du

chocolat français. L'importation ne concerne pas seulement les produits, mais aussi les chocolatiers de l'Hexagone. Ainsi, Jean-Paul Hévin exporte 30 tonnes de chocolat au Japon. Pierre Hermé, lui, a presqu'autant de boutiques au Japon (14) qu'en France (15), alors qu'il en a seulement trois en Angleterre, une en Allemagne, quatre en Corée du Sud, une en Chine, etc. En France, on voit de jeunes chocolatiers ambitieux ouvrir leur boutique à Paris pour le prestige, puis se précipiter au Japon pour y développer leurs affaires. Quant aux recruteurs des grands magasins japonais, ils font le tour de la France pour découvrir de nouveaux maîtres chocolatiers.

Il est vrai que le chocolat français fait rêver les Japonaises. C'est pour cette raison qu'au Salon du chocolat à Tokyo, en plus des ventes et des démonstrations, on organise également des talk-shows avec des chocolatiers invités pour créer du lien avec les clientes.

文法 単純未来・近接未来・前未来

1 単純未来

cesser	je cesserai	nous cesserons
	tu cesseras	vous cesserez
	il/elle cessera	ils/elles cesseront

上の活用を参考に，dépasser を単純未来に活用させましょう．

2 15歳の Julien は，将来チョコレート職人となることをぼんやりと夢見ています．Julien の発言を単純未来形で完成させましょう．
1. Je (être) un grand chocolatier connu dans le monde.
2. D'abord, je (ouvrir) ma première boutique à Paris.
3. Un recruteur japonais (venir) m'embaucher.
4. Il me (emmener) au Japon.
5. Je (avoir) plusieurs boutiques au Japon. Les affaires (marcher) bien et ces boutiques me (apporter) de grandes sommes d'argent.

3 単純未来と比較すると，近接未来は実現の可能性が高いと考えている時に使います．
Je serai un grand chocolatier.　ぼく，立派なチョコレート職人になれるかもしれない．
Je vais être un grand chocolatier.　ぼく，立派なチョコレート職人になるんだ．

したがって話者の強い意志を伝える時は，近接未来を使いましょう．

4 単純未来と近接未来のどちらがより適切かを考え，動詞を活用形にしましょう．
1. 日本から来たリクルーターが，フランスの若いチョコレート職人を熱心に勧誘しています．« Si vous venez au Japon, nous (ouvrir) une boutique pour vous. Vous (avoir) beaucoup de clients et vous (être) un chocolatier renommé. C'est certain ! »
2. ところが自宅では，半信半疑の母親から次のように言われました．« Ils (ouvrir) une boutique pour toi ? Tu (avoir) beaucoup de clients ? Et tu (être) un chocolatier renommé ? Tu crois vraiment à tout cela ? »

4. Salon du chocolat

5 前未来は，未来のある時点を基準として，それ以前におきることを表します．「助動詞の単純未来形（avoir または être）＋過去分詞」で作ります．

manger　　j'aurai mangé　　　　nous aurons mangé
　　　　　 tu auras mangé　　　　 vous aurez mangé
　　　　　 il/elle aura mangé　　　ils/elles auront mangé

rentrer（助動詞 être）を前未来に活用させましょう．

6 サロン・デュ・ショコラ東京に，フランスの若いチョコレート職人が招かれました．サロンでの超過密スケジュールを通訳が説明しています．単純未来と前未来のどちらかに，動詞を活用させましょう．

Vous (commencer) la démonstration dès que vous (arriver) au stand. Quand vous (terminer) la démonstration, quelqu'un (venir) vous chercher pour le talk-show. Vous (finir) avant 10 heures du soir... J'espère.

読解

1 第1段落の100 000, 100, 19という数字を説明して下さい．

2 第1段落の最後に，なぜ train（電車）が登場しているのですか．

3 フランスでのサロン・デュ・ショコラの開催地と頻度を教えて下さい．

4 第3段落に « pas seulement A, mais B »（Aだけでなく Bもある）という表現があります．この文章における AとBを説明して下さい．

5 第3段落に，« A, alors que B »（A，それに対して B）という表現があります．この文章における AとBを説明して下さい．

6 第3段落の後半の jeunes chocolatiers の動きを説明して下さい．

7 最後の段落に，« A. C'est pour cette raison que B »（Aが理由となって Bがおきる）という表現があります．この文章における AとBを説明して下さい．

Les droits d'auteur de la tour Eiffel
エッフェル塔の著作権

La tour Eiffel est appelée avec respect la « Dame de fer » en hommage à sa belle forme. Elle a été construite en 1889 (l'année 22 de l'ère Meiji au Japon) par Gustave Eiffel. Aujourd'hui, elle est considérée comme le symbole de Paris où vous trouverez des tours Eiffel en miniature dans toutes les boutiques de souvenirs.

Non seulement les Français, mais les Japonais aussi semblent adorer cette tour. Par exemple, si vous faites des recherches sur des sites japonais de vente par correspondance, vous verrez des sacs, des trousses, des autocollants avec des dessins de la tour Eiffel, ou bien des flacons, des objets décoratifs, des bougies, avec la forme de la tour.

Les répliques que l'on voit un peu partout nous montrent que le monde entier aime ce monument. À l'hôtel Casino Paris de

5. Les droits d'auteur de la tour Eiffel

Las Vegas aux États-Unis, il y a une réplique parfaite qui fait 165 mètres de hauteur, la moitié de l'original. D'autres villes, comme Hangzhou en Chine (108 m), Gomez Palacio au Mexique (68 m), Slobozia en Roumanie (54 m), Parizh en Russie (50 m), etc., en ont une aussi. C'est une idée un peu surprenante pour nous, mais les Français pensent que la tour de Tokyo en est aussi une réplique.

A-t-on le droit de fabriquer toutes ces petites et grandes tours Eiffel ? La réponse est « oui » parce que Gustave Eiffel a renoncé à ses droits d'auteur en 1889. Mais il faut savoir que le nom « Tour Eiffel » est une marque déposée. Si quelqu'un veut nommer un produit « Tour Eiffel », il doit avoir une autorisation et devra sans doute payer des droits. Et l'éclairage de la tour Eiffel est aussi protégé par le droit d'auteur. Donc, si vous voulez publier une photo de la tour éclairée de nuit, vous devriez avoir une autorisation... en principe.

文法 条件法現在

① 条件法現在の活用を確認しましょう．

gagner	je gagnerais	nous gagnerions
	tu gagnerais	vous gagneriez
	il/elle gagnerait	ils/elles gagneraient

条件法現在は活用語尾が一定です．avoir の活用形を完成させましょう．

avoir　　　j'aurais, tu...

② 条件法現在の用法（1）：語気の緩和や，断定を避ける時に条件法現在を用います．以下の例文を比較して下さい．
- Vous <u>devez</u> avoir une autorisation.　直説法
  Vous <u>devriez</u> avoir une autorisation.　条件法
- Un autre pays <u>a</u> le projet de construire une tour Eiffel.
  Un autre pays <u>aurait</u> le projet de construire une tour Eiffel.

③ かっこ内の動詞を条件法現在に活用させましょう．
1. « Si vous voulez ouvrir un restaurant nommé *Tour Eiffel*, il (falloir) prévenir la société d'exploitation de la tour. »
   société d'exploitation：管理運営会社
2. « Tu as publié des photos de la tour Eiffel de nuit ? Puisque ces belles photos éclairées sont une bonne publicité, la société d'exploitation (devoir 否定形) se plaindre. »
3. — Vous (pouvoir) me dire la hauteur de la tour Eiffel ?
   — Elle fait 324 mètres.
4. — Je (vouloir) savoir combien de marches il faut monter pour aller jusqu'au 2e étage.
   — Il y en a 704.（解説：2e étage は高さ115mの地点です．頂上までの階段は一般公開されていません．）

④ 条件法現在の用法（2）：現在の事実に反する仮定を行い（半過去使用），その結果を想像する時に条件法現在を用います．以下の例文を確認しましょう．

5. Les droits d'auteur de la tour Eiffel

- Si la tour Eiffel mesurait plus de 333 m, elle <u>serait</u> plus haute que la tour de Tokyo. （解説：東京タワーの高さは333 m.）
- Si la tour Eiffel était protégée par le droit d'auteur, la société d'exploitation <u>gagnerait</u> beaucoup d'argent.

5️⃣ かっこ内の動詞を，条件法現在または半過去にしましょう．
1. 階段の多さに驚いた人の発言です．« 704 marches ! Pas possible pour moi. S'il y en (avoir) un peu moins, je (essayer) peut-être. »
2. 今度は元気な若者の発言です．« C'est facile de monter les 704 marches. Si l'escalier jusqu'au sommet (être) ouvert au public, je le (monter) certainement ! »
3. 照明に照らされた夜のエッフェル塔の写真を，宣伝ポスターに使ってしまった人に対して．« Si la tour ne (être) pas éclairée, il n'y (avoir) aucun problème pour la publication des photos. »
4. Les répliques du monde entier donnent aux touristes l'envie de venir voir la vraie à Paris. S'il n'y (avoir) pas autant de répliques, le nombre des visiteurs de la tour (être) moindre.

読解

1️⃣ フランスの人たちにとって，エッフェル塔はどのような存在ですか．
2️⃣ 日本人もエッフェル塔が大好きだと書かれていますが，その証拠を挙げて下さい．
3️⃣ 第3段落では，なぜ沢山の地名があげられているのですか．
4️⃣ surprenante（第3段落）に込められた意味を説明して下さい．
5️⃣ 最後の段落で La réponse est « oui » と書かれていますが，質問の内容と，なぜ oui という答になるのかを説明して下さい．
6️⃣ 最後の段落にある2つの注意点を説明して下さい．
7️⃣ 文章末の ... en principe には，どのような意味が込められていると考えられますか．

Le bicentenaire de la bataille de Waterloo
ワーテルローの戦い二百周年

1   Tous les ans, le 18 juin, la Belgique organise la reconstitution de la bataille de Waterloo. C'est un événement historique et aussi touristique qui attire de nombreux visiteurs. Plusieurs milliers de figurants y participent pour faire revivre la bataille.
5   En 2015, la reconstitution du 18 juin était d'une grande ampleur : c'était le bicentenaire de la bataille, avec 5 000 figurants, 360 chevaux et 100 canons. Les descendants de Napoléon et des chefs des armées française, anglaise et prussienne étaient présents. Et c'est Philippe, le roi des Belges, qui a
10 présidé la cérémonie de commémoration. Pourtant, ni François Hollande, le président de la République, ni aucun membre du gouvernement français n'ont assisté à la cérémonie : la France a boudé le bicentenaire.

6. Le bicentenaire de la bataille de Waterloo

Il faut remonter dans le temps pour comprendre cette défection. Au matin du 18 juin 1815, Napoléon croyait à la victoire avec ses 72 000 soldats face aux 70 000 soldats anglais et néerlandais. À 11 heures 30, les deux camps se sont engagés dans la bataille. À 17 heures, à la grande surprise de Napoléon, un autre ennemi est arrivé. Il s'agissait de 35 000 soldats prussiens. Les armées napoléoniennes n'ont pu soutenir les deux fronts et l'empereur a perdu la bataille. Il a été déporté sur l'île de Sainte-Hélène où il mourra six ans plus tard. Ainsi, pour la plupart des Français, la bataille de Waterloo est un fait historique plutôt décevant.

« L'histoire est derrière nous et puis ce n'est pas quand même une victoire », a dit le ministre français de la Défense, Jean-Yves Le Drian. « Évitons Waterloo ! », a plaisanté Manuel Valls, le Premier ministre français. Quant à François Hollande, il s'est rendu à une autre cérémonie pour fêter les 75 ans de l'appel du général de Gaulle, accompagné de ces deux ministres.

注：兵士の数については、諸説あります。

文法 条件法過去

1. 条件法過去は「助動詞 (avoir または être) の条件法現在＋過去分詞」で作ります．助動詞が être の場合は，過去分詞の一致があります．

avoir	j'aurais eu	nous aurions eu
	tu aurais eu	vous auriez eu
	il/elle aurait eu	ils/elles auraient eu

   venir の条件法過去の活用形を書きましょう．

2. 条件法過去の用法 (1)：過去の事実に反する仮定を行って（直説法大過去を使用），その結果を想像する（条件法過去を使用）．以下の例文を確認しましょう．
   Si Napoléon avait gagné la bataille de Waterloo, il y aurait eu un immense empire en Europe.

3. かっこ内の動詞を，直説法大過去または条件法過去にしましょう．
   1. Si les soldats prussiens (arriver 否定形), Napoléon (gagner) la bataille.
   2. Si Napoléon (avoir) connaissance de l'arrivée des Prussiens, il (changer) sa stratégie offensive.
   3. Si Napoléon (réussir) à s'échapper de l'île de Sainte-Hélène, il (pouvoir) reprendre le pouvoir en France.
   4. Si la reconstitution de la bataille (correspondre 否定形) au bicentenaire, le nombre des participants (être) moindre.

4. 条件法過去の用法 (2)：断定を避ける．用法 (3)：後悔・非難．

   二百周年に合わせて，ベルギーは記念の2€コインを発行しようとしましたが，フランスは強硬に反対しました．既存のコインを新デザインにするためには，ユーロ圏の全ての国の賛同が必要なため，ベルギーは発行を断念しました．しかし，新しい額面のコイン（例えば3€や4€）であれば自由にデザインできるため，ベルギーは2.5€コインを発行したのです．この2.5€コインは，ベルギー国外では使えません．

   以下の例文を確認しましょう．
   - 用法 (2) の例文．2.5€コイン鋳造のうわさを伝える一般フランス人の発言で

6. Le bicentenaire de la bataille de Waterloo

す．« La Belgique aurait frappé une pièce de 2,5 euros. »
- 用法（3）の例文．そのうわさを聞いた一般フランス人の発言です．« Quoi ? La Belgique aurait dû renoncer à cette pièce ! »

5 ①かっこ内の動詞を条件法過去にしましょう．②条件法過去形を使ったことによりどのような効果（用法1〜3）がもたらされているのかを考えましょう．
1. La France (être 否定形) contente si la pièce commémorant Waterloo avait circulé librement dans la zone euro.
2. Si la France n'avait pas contesté cette initiative, la Belgique (pouvoir) frapper la pièce commémorative de 2 euros. Plusieurs pays européens (appuyer) la contestation de la France.
3. ベルギー人の発言です．« Les Français ont contesté ? Ils (devoir) penser à la réconciliation ! »

読解

1 第1段落．何が，なぜ touristique だと言えるのですか．

2 第1段落．なぜ d'une grande ampleur だったのですか．

3 第1段落の Pourtant は，逆接の接続表現です．2つのどのような事柄が逆接で結ばれていますか．

4 ワーテルローの戦いの戦況変化を，時間を追って説明して下さい．

5 pour la plupart des Français, la bataille de Waterloo est un fait historique plutôt décevant という事態に，なぜなっているのですか．

6 « L'histoire est derrière nous et puis ce n'est pas quand même une victoire » という発言を，訳すのではなく，説明して下さい．

7 当日のフランス大統領の行動は，どのようなものでしたか．

La jungle de Calais
カレーのジャングル

1   Dans le nord de la France, au bord de la Manche, il y a une jungle : c'est la « jungle de Calais ». Bien sûr, ce n'est pas une vraie jungle, c'est l'ensemble des camps de réfugiés. Il y aurait environ 3 000 réfugiés à s'être installés sous des tentes. Leur
5   seule intention est de traverser la Manche clandestinement pour rejoindre la Grande-Bretagne. Pourtant, l'Angleterre n'est qu'en sixième position en Europe pour les demandes d'asile, le nombre de demandes étant supérieur en France (2014).

10   Alors, pourquoi veulent-ils aller en Angleterre au lieu de déposer une demande d'asile en France ? Cela est dû à plusieurs raisons. Premièrement, le Royaume-Uni affiche un taux de croissance de 2,9 % contre 0,2 % en France (Japon 0,7 % en

2015). Le taux de chômage y est inférieur : 6,2 % contre 9,9 % en France (Japon 3,6 % en 2014). Deuxièmement, la plupart des réfugiés de la jungle ne parlent pas le français. L'anglais est souvent une langue étrangère qu'ils connaissent. Troisièmement, certains d'entre eux ont déjà des membres de leur famille au Royaume-Uni. Et, quatrièmement, il semble que le contrôle contre le travail clandestin est moindre en Angleterre et que de nombreux réfugiés y travaillent illégalement sans déposer de demande d'asile.

Les conditions de vie dans la jungle sont mauvaises. De plus, la traversée clandestine de la Manche est périlleuse : certains migrants la traversent par bateau, ou dans un camion à bord d'un ferry où ils risquent de mourir asphyxiés : d'autres empruntent le tunnel sous la Manche réservé à la voie ferrée où ils risquent de mourir électrocutés. Rien qu'en deux mois, en juin et juillet 2015, neuf réfugiés ont trouvé la mort dans ou près du tunnel. Mais ils continuent à vouloir rejoindre l'Angleterre à tout prix.

文法 人称代名詞（直接目的語・間接目的語）

1 直接目的語人称代名詞

主語	je	tu	il	elle	nous	vous	ils	elles
直接目的語	me (m')	te (t')	le (l')	la (l')	nous	vous	les	

以下の例文で，代名詞への置きかえを確認しましょう．

Des milliers de réfugiés se regroupent au bord de <u>la Manche</u>. Leur intention est de traverser <u>la Manche</u> pour atteindre la Grande-Bretagne.

→ Leur intention est de <u>la</u> traverser pour atteindre la Grande-Bretagne.

2 直接目的語人称代名詞に置きかえられる箇所をみつけ，上の例文のように全文を書き直しましょう．

1. Concernant les demandes d'asile, la Grande-Bretagne n'arrive qu'en sixième position. Pourtant, les réfugiés de la « jungle de Calais » choisissent la Grande-Bretagne pour destination finale.
2. Certains réfugiés ont déjà des membres de leur famille en Angleterre. Ils veulent rejoindre les membres de leur famille.
3. En Grande-Bretagne, beaucoup de réfugiés travaillent clandestinement. Mais les autorités anglaises contrôlent peu ces réfugiés.
4. Si vous voulez traverser le tunnel sous la Manche avec votre voiture, il faut mettre votre voiture dans un train.　解説：自分の車に乗ったまま自動車運搬専用車両に乗り，電車で車ごとイギリス側まで運んでもらいます．

3 間接目的語人称代名詞

主語	je	tu	il	elle	nous	vous	ils	elles
間接目的語	me (m')	te (t')	lui		nous	vous	leur	

大勢の難民が押し寄せて以降，カレーでは観光客が減ってしまいました．この窮状を訴えるために，Calais の商店や政治家が行動を起こしました．以下の商店の団体の発言で，代名詞への置き換えを確認しましょう．

« Allons manifester à Paris ! Nous allons voir les Parisiens pour dire <u>aux</u>

7. La jungle de Calais

<u>Parisiens</u> qu'on est une ville accueillante ! »
→ « Nous allons voir les Parisiens pour <u>leur</u> dire qu'on est une ville accueillante ! »

4 かっこ内に，適切な間接目的語人称代名詞を入れましょう．
1. La maire de Calais et des élus sont allés à Paris pour rencontrer François Hollande. Ils (　　　) ont demandé un moratoire fiscal.
2. À Calais, les touristes britanniques sont aujourd'hui bien moins nombreux. D'après la maire de Calais, c'est à cause des médias qui (　　　) ont transmis trop d'images de la crise migratoire.
3. オランド大統領との会談での，カレー市長の発言です．« Nous voulons (　　　) évoquer la situation préoccupante de notre ville ! »
4. カレーの市長らと会談を終えたオランド大統領の発言です．« La maire de Calais et des élus (　　　) ont expliqué le besoin d'un plan d'urgence. »

読解

1. la jungle de Calais とは，どのような所ですか．
2. 第1段落の pourtant は，逆接の接続表現です．2つのどのような事柄が逆接で結ばれていますか．
3. 第2段落の plusieurs raisons を，順番に説明して下さい．
4. 最後の段落に，2つの問題点が挙げられています．その2つとは何ですか．
5. 上記の2番目の問題点について，camion にはどのような危険がありますか．
6. 同じく2番目の問題点について，tunnel にはどのような危険がありますか．neuf という数字を入れて説明して下さい．

注：2016年10月，仏政府によるジャングルの解体が始まりました．

Rugby et nationalité
ラグビーと国籍

Qui ne connaît pas au Japon le geste original de Goromaru quand il botte pour une transformation ? Après les trois matchs gagnés lors de la Coupe du monde 2015, le rugby est devenu populaire dans notre pays. L'équipe nationale japonaise a excellé : 34-32 contre l'Afrique du Sud, 26-5 contre les Samoa et 28-18 contre les États-Unis. Même en France, la chaîne de télévision TF1 rapporte : « À l'heure du bilan, la plus grosse surprise de cette Coupe du monde est sans aucun doute le parcours remarquable des Japonais. »

C'est lors de la Coupe du monde 2015 que la plupart d'entre nous ont découvert notre équipe nationale de rugby. Et nous avons été un peu surpris d'y trouver plusieurs joueurs d'origine étrangère, le capitaine Michael Leitch, par exemple. M. Leitch s'est fait naturaliser japonais, mais parmi les dix joueurs d'origine étrangère, seuls cinq se sont fait naturaliser et cinq autres ont gardé leur propre nationalité. En effet, c'est en vertu de l'article 8.1 du règlement de la Fédération internationale de rugby qu'un joueur peut représenter un autre pays que le sien sous certaines conditions.

De nombreux pays ont ainsi des joueurs étrangers dans leur équipe nationale, y compris la France. La France était à la septième position dans le classement mondial en 2015, et elle a été trois fois finaliste sur les huit Coupes du monde existantes. La France est donc une grande nation de rugby. Elle aussi compte quatre joueurs étrangers dans son équipe nationale : un Fidjien, un Néo-Zélandais et deux Sud-Africains. Pour l'actuel sélectionneur, « c'est la qualité qui prime » et « le pays d'origine est secondaire ». Mais un des anciens sélectionneurs pense que l'équipe nationale doit être 100 % française. Et vous, qu'en pensez-vous ?

文法　中性代名詞 en と人称代名詞 le / la / les

1 代名詞 en. 用法（1）：不定冠詞 des，部分冠詞，否定の de がついた名詞を置きかえます．
1. L'équipe japonaise a des joueurs d'origine étrangère. L'équipe française en a aussi.
2. 仏ナショナルチーム所属の外国人選手へのインタビューです．
   インタビュアー：Vous avez de l'ambition ?
   外国人選手：Oui, j'en ai. C'est de briller sous le drapeau tricolore.
3. Parmi les vingt équipes qui ont participé à la Coupe du monde 2015, dix-neuf équipes avaient des joueurs d'origine étrangère. Seule l'équipe argentine n'en avait pas.

2 en の用法（2）：数量表現とともに用います．
1. Le Japon a marqué 34 points contre l'Afrique du Sud. Contre les Samoa, il en a marqué 26.
2. A : Est-ce que les joueurs d'origine étrangère ont des qualités particulières ?
   B : Oui, ils en ont beaucoup.

3 en の用法（3）：動詞（句）や形容詞に de が必要な場合に用います．
1. 動詞 parler de...
   Les victoires du Japon ont constitué une grande surprise. Les médias japonais en ont beaucoup parlé.
2. 形容詞 fier de...
   L'équipe nationale japonaise a marqué de beaux résultats lors de la Coupe du monde. Tous les Japonais en sont très fiers.

4 en と代名詞 le / la / les (p.32) の違いを確認しましょう．
en：不特定のもの（不定冠詞・部分冠詞がついた名詞など）．
　　例文　ラグビー部が，合宿用にボールを購入する予定です．
　　部員1：Tu vas acheter des ballons ?
　　部員2：Oui, je vais en acheter.

8. Rugby et nationalité

　　le / la / les：特定のもの（定冠詞・指示形容詞・所有形容詞がついた名詞など）．
　　　例文　合宿所に到着し，持ち物を確認しています．
　　　部員1：Tu as apporté les ballons neufs ?
　　　部員2：Oui, je les ai apportés.

5　en または le / la / les でかっこをうめましょう．
　　日本人　　　　：Est-ce que l'équipe de France a un surnom ?
　　フランス人　　：Oui, cette équipe, on (　　　) appelle « les Bleus ». Et votre
　　　　　　　　　　équipe nationale, vous (　　　) appelez comment ?
　　日本人　　　　：Les « Brave Blossoms ». Les Brave Blossoms ont deux maillots
　　　　　　　　　　officiels.
　　フランス人　　：Les Bleus aussi (　　　) ont deux, l'un est bleu et l'autre
　　　　　　　　　　tricolore.（注：2016年時点）Le second maillot tricolore, on
　　　　　　　　　　(　　　) met quand c'est nécessaire lors d'un match à l'extérieur.
　　　　　　　　　　Si vous voulez acheter des maillots répliques, vous (　　　)
　　　　　　　　　　trouverez chez Adidas par exemple.

読解

1　Qui ne connaît pas（第1段落）を訳すのではなく説明して下さい．

2　第1段落に « A. Même B. »（Aである．さらにBでさえある）という表現があります．この文章におけるAとBを説明して下さい．Aは文章では明示されていないので，自分で考える必要があります．

3　第2段落．誰が，どのような驚きを感じたのですか．

4　第2段落の dix, cinq, cinq という3つの数字を説明して下さい．

5　article 8.1の内容を説明して下さい．

6　最後の段落の septième, trois は何を表しますか．そしてこれらの表現は，何を言いたいがために，ここで挙げられているのですか．

7　最後の qu'en pensez-vous ? の en の内容を，日本語で説明して下さい．

Une manifestation qui dérape
逸脱した，ある抗議行動

1   En France, les syndicats sont plus actifs qu'au Japon. Souvent, ils organisent des manifestations, et parfois, il y a des débordements. C'est ce qui s'est passé lors de la manifestation des salariés d'Air France, en octobre 2015.

5   Le 5 octobre à 9 heures 30, les salariés ont commencé à manifester devant le siège de la compagnie aérienne qui avait annoncé la suppression de 2 900 postes : 300 pilotes, 900 hôtesses et stewards et 1 700 membres du personnel au sol. Au début, tout se déroulait dans le calme. Puis, vers 10 heures 30,
10   plusieurs centaines de manifestants ont pénétré dans le bâtiment et se sont dirigés vers la salle où se tenait le comité de l'entreprise. Là, les manifestants ont trouvé deux dirigeants, le directeur des ressources humaines et le responsable de l'activité

long courrier. Le P.-D.G., lui, avait déjà pris la fuite. Quelques manifestants se sont jetés sur les deux dirigeants et leur ont arraché la chemise. La situation est devenue incontrôlable. L'un torse nu, l'autre la chemise en lambeaux, les deux dirigeants sont sortis de la salle, escortés de gardes du corps. Ils ont finalement escaladé une grille pour s'échapper du siège d'Air France. Une semaine plus tard, six salariés ont été interpellés dans le cadre de ces violences.

Selon un sondage, 54 % des Français disent qu'ils comprennent le comportement des salariés d'Air France, mais ils ne l'approuvent pas. Ainsi, 38 % le condamnent et 8 % seulement l'approuvent. En outre, d'après un autre sondage, si 32 % affichent leur compréhension, 67 % qualifient cet incident d' « acte inexcusable ». Le premier sondage montre des disparités d'opinions entre les catégories socioprofessionnelles. « La condamnation atteint 44 % chez les cadres, 35 % dans les professions intermédiaires, 34 % chez les ouvriers, et 24 % chez les employés. »

中性代名詞 le, 中性代名詞 y と人称代名詞 lui / leur

1 中性代名詞 le の用法（1）：不定詞・節・文章や話全体を置きかえます。

1. Quelques hommes ont commencé à agresser les deux dirigeants. Mais la plupart des manifestants ne le souhaitaient pas.
2. Le 5 octobre, il y a eu des violences au siège d'Air France, beaucoup de médias européens l'ont rapporté.
3. A : Tu sais ce qui s'est passé le 5 octobre ?
   B : Oui, je viens de l'apprendre. C'est incroyable !

2 中性代名詞 le の用法（2）：形容詞を置きかえます．性数変化はありません．

Au Japon, les syndicats ne sont pas très actifs. Mais en France, ils sont actifs.
→ Mais en France, ils le sont.

3 le に置きかえられる所を見つけ，全文を書き直しましょう．

1. Les hôtesses et les stewards étaient mécontents. Les pilotes étaient mécontents eux aussi.
2. A : Tu sais, certains manifestants ont déchiré les vêtements de deux dirigeants !
   B : Oui, je sais que certains manifestants ont déchiré les vêtements de deux dirigeants. Je trouve inexcusable ce qu'ils ont fait.（2か所で置きかえができます．）
   A : Tout à fait d'accord avec toi. Moi non plus, je n'approuve pas ce qu'ils ont fait.

4 中性代名詞 y は，「場所の表現」「à のついた語句」を置きかえます．以下の例文で確認しましょう．

Les manifestants ont pénétré dans le bâtiment et certains d'entre eux y ont commis des actes de violence.

5 y に置きかえられる所を見つけ，全文を書き直しましょう．

1. Des salariés d'Air France se rassemblaient devant le bâtiment de l'entreprise, et plusieurs centaines d'entre eux ont pénétré dans le

9. Une manifestation qui dérape

bâtiment.
2. A : Les forces de l'ordre n'étaient pas là ?
   B : Si, elles étaient là, bien sûr. Mais elles ont laissé passer les manifestants.
3. Le comité de l'entreprise se déroulait à ce moment-là. Le P.-D.G. participait à ce comité, mais quand les manifestants sont entrés dans la salle, il n'était plus dans la salle.

6 「à +物事」にはy,「à +人」にはlui / leur（p.32）を用います．
- Trois syndicats ont lancé l'appel à la grève. Beaucoup de salariés ont répondu à l'appel. → Beaucoup de salariés y ont répondu.
- Quand un journaliste a posé la question à la compagnie Air France, elle a répondu à ce journaliste que tous les vols seraient assurés. → elle lui a répondu que tous les vols seraient assurés.

7 下線部分をy, lui / leur に変えて全文を書き直しましょう．départ volontaire 自主退職, réseau déficitaire 赤字路線．
1. Air France a présenté un plan de restructuration à ses salariés.
2. Les syndicats ont répondu par la négative à la proposition d'Air France.
3. La compagnie propose aux employés des plans de départs volontaires.
4. Les dirigeants tiennent à la fermeture des réseaux déficitaires.

読解

1 第1段落の ce qui s'est passé は何を指していますか．
2 第2段落の2900, 300, 900, 1700という数字は何を表しますか．
3 誰が，どこで，誰を ont trouvé（見つけ）ましたか．（第2段落）
4 第2段落の avait pris の時制はどのような事実を表していますか．
5 les deux dirigeants の身に起こったことを説明して下さい．
6 最後の段落の54％, 38％, 8％, 32％, 67％は何を表していますか．
7 最後の段落の44％, 35％, 34％, 24％は何を表していますか．

Courir dans le Louvre ?
ルーブル美術館を走る？

1   Le Louvre est un grand musée, très vaste. Il y a beaucoup de choses à voir, et il ne faut surtout pas rater ces trois grandes dames : la Vénus de Milo, la Victoire de Samothrace et la Joconde. Si ces trois chefs-d'œuvre étaient présentés ensemble,
5   ce serait idéal, mais ce n'est pas le cas. Sur le Web, on vous recommande de commencer par la Joconde dans l'aile Denon au premier étage, salle 6. Puis vous vous dirigez vers l'aile Sully en passant par l'escalier Daru où vous pouvez voir la Victoire de Samothrace. Vous descendez l'escalier et entrez au rez-de-
10 chaussée de l'aile Sully. Là, dans la salle 16, c'est la Vénus de Milo qui vous attend.

   Si vous ne vous intéressez qu'à ces trois œuvres et que vous pensez pouvoir faire ce parcours facilement en quelques dizaines de minutes, il faut savoir que ce n'est pas toujours possible. Si le jour de votre visite tombe sur un week-end de grandes vacances, le parcours est bondé et vous ne pourrez pas avancer à votre rythme.

Récemment, le Massachusetts Institute of Technology (MIT) a mené une recherche sur le temps passé au Louvre par les visiteurs. D'après cette étude, le temps moyen est d'une heure et trente minutes. Les chercheurs ont utilisé le système Bluetooth : sept capteurs Bluetooth ont été placés à différents endroits du musée, et ils ont reçu 24 452 signaux émis par des appareils électroniques. Ce procédé a également permis d'analyser le parcours de chaque visiteur. La comparaison de deux groupes, visiteurs rapides et visiteurs lents, a révélé que ces deux types de visiteurs effectuaient un parcours similaire. Cela signifie que les visiteurs lents regardent les mêmes œuvres que les visiteurs rapides, mais qu'ils passent tout simplement plus de temps devant chaque œuvre.

文法 関係代名詞 qui / que / dont / où

1 関係代名詞 qui, que, dont の使い方を確認しましょう．

1. 関係節の主語には qui を使います．
   (a) Le MIT est une université reconnue dans le monde entier.
   (b) Le MIT est apprécié pour la qualité de ses recherches.
   → Le MIT, qui est apprécié pour la qualité de ses recherches, est une université reconnue dans le monde entier.

2. 関係節の直接目的語には que を使います．
   (a) La recherche est intitulée « Art Traffic at the Louvre ».
   (b) Le MIT a mené cette recherche.
   → La recherche que le MIT a menée est intitulée « Art Traffic at the Louvre ».

3. 前置詞 de を含む語句には dont を使います．
   (a) On a identifié la personne la plus rapide.
   (b) La visite de cette personne a duré 9 minutes et 14 secondes seulement !
   → On a identifié la personne la plus rapide dont la visite a duré 9 minutes et 14 secondes seulement !

2 かっこを qui, que, dont のいずれかでうめましょう．

1. Les scientifiques ont comparé le parcours de deux groupes. Le premier groupe était constitué des visiteurs (   ) le temps de visite a duré moins d'une heure et demie, (   ) correspond au temps moyen de chaque visiteur. Les membres du second groupe (   ) la visite a été moins précipitée ont passé plus de six heures dans le musée.

2. L'étude a mesuré le temps (   ) les visiteurs ont passé dans le musée. On a aussi tracé le parcours (   ) ils ont effectué dans les bâtiments.

3 関係代名詞 où は場所や時を表します．例文で確認しましょう．

1. (a) Le lieu de l'étude se situe dans les bâtiments du musée.
   (b) Les chercheurs ont placé sept capteurs Bluetooth sur le lieu de l'étude.
   → Le lieu de l'étude, où les chercheurs ont placé sept capteurs Bluetooth, se situe dans les bâtiments du musée．（場所）

10. Courir dans le Louvre ?

2. (a) Pour visiter le Louvre, il vaut mieux éviter le mois d'août.
   (b) Au mois d'août, le musée est envahi par des touristes.
   → Pour visiter le Louvre, il vaut mieux éviter le mois d'août où le musée est envahi par des touristes. （時）

4 où は前置詞とともに用いることもあります．où, d'où, jusqu'où, par où で，かっこをうめましょう．

1. 熱心なガイドの発言です．« Il y a des statues magnifiques dans la section des Antiquités étrusques, (　　　) nous allons commencer notre visite évidemment. »
2. 観光客の発言です．« L'escalier de la Victoire de Samothrace (　　　) je viens était plein de touristes. »
3. 観光客の発言です．« Nous sommes passés devant la salle de la Joconde (　　　) il y avait une longue queue. »
4. Les pickpockets sont actifs les jours (　　　) il y a beaucoup de touristes dans le musée.
5. 観光客の発言です．« Le Louvre est comme un labyrinthe. Pour arriver au bout de l'aile Richelieu (　　　) je me suis aventuré pour voir le portrait de Louis XIV, il m'a fallu monter et descendre nombre d'escaliers. »

読解

1 第1段落の ce n'est pas le cas は，具体的にどのような内容を表していますか．
2 第1段落．web では，どのようなことが薦められていますか．
3 第2段落の ce n'est pas toujours possible を，訳すのではなく説明して下さい．
4 第3段落の une heure et trente minutes は，何を表す数字ですか．
5 第3段落の sept, 24 452は，何を表す数字ですか．
6 第3段落に « A signifie B » （A は B を意味する）という表現があります．この文章における A と B を説明して下さい．

La France, reine du tourisme
観光の女王フランス

Depuis des années, la France reçoit le plus grand nombre de visiteurs étrangers. En 2015, la France métropolitaine a accueilli 84,5 millions de touristes étrangers, soit 0,9 % de plus qu'en 2014. Si l'on y ajoute ceux qui ont visité les départements et les collectivités d'outre-mer, le chiffre dépasserait 85 millions. 2015 est aussi une année record avec l'arrivée de 2,2 millions de Chinois. Selon le ministère des Affaires étrangères, c'est la mesure de délivrance en 48 heures des visas pour les Chinois qui a favorisé leur arrivée.

Bien que la France soit la première destination touristique mondiale, dans le classement des recettes touristiques, elle arrivait pourtant en quatrième position en 2014 et en 2015. D'après des experts, cette contradiction est due au nombre médiocre des nuitées en France, l'hôtellerie et la restauration comptant beaucoup pour les retombées économiques.

On peut citer un nouveau facteur préoccupant pour le tourisme français : les attentats terroristes. Récemment, le pays en a connu trois : en janvier et en novembre 2015 à Paris, puis en juillet 2016 à Nice. Les statistiques montraient une baisse de 15 % environ pour le tourisme parisien pendant la période de novembre à décembre 2015, soit juste après l'attentat du 13 novembre.

Nous pouvons évoquer un autre facteur grevant les recettes, la rumeur sur l'attitude des Français envers les touristes étrangers. On dit souvent que les Français ne sont pas très courtois avec les visiteurs étrangers qui ne parlent pas le français. Bien que ce ne soit presque plus vrai ces jours-ci, le stéréotype du Français qui ne veut parler qu'en français en refusant la langue anglaise reste tenace. Si la France arrive à inverser cette image, il y aura davantage de touristes dans l'Hexagone.

文法　前置詞 + lequel, 前置詞 + qui

1　「前置詞＋関係代名詞 lequel」において，lequel は物を表すことができます．lequel は性数変化をし，前置詞 à, de の場合は縮約がおきます．例文で確認しましょう．

	男性単数	女性単数	男性複数	女性複数
前置詞と共に	lequel	laquelle	lesquels	lesquelles
à と共に	auquel	à laquelle	auxquels	auxquelles
de と共に	duquel	de laquelle	desquels	desquelles

- L'image du Français qui refuse de parler en anglais est sans doute une des raisons pour lesquelles les étrangers évitent des nuitées en France.
- 2016年第1四半期，テロの影響で遠方（アメリカやアジア）からの観光客が激減しました．En France, le secteur du tourisme s'inquiète de la baisse des recettes touristiques auxquelles les visiteurs américains et asiatiques contribuent beaucoup d'habitude.
- Les commerçants parisiens incriminent les attentats en raison desquels le nombre de touristes a beaucoup diminué.

2　lequel などでかっこをうめましょう．縮約があるかもしれません．
1. 土産物店経営者の発言です．« Depuis plusieurs années, nous souffrons de la crise de l'euro à (　　　) les conséquences des attentats s'ajoutent maintenant. »
2. D'après une organisation touristique, il y a eu une baisse de 56 % des touristes japonais à Paris en raison de (　　　) l'organisation a évoqué une perspective pessimiste.
3. Les grands atouts de la France sont ses monuments historiques et sa gastronomie sans (　　　) elle ne serait pas le numéro un mondial du tourisme.
4. 観光の専門家の発言です．« La France considère cet afflux de touristes comme un fait acquis pour (　　　) elle ne fait plus d'efforts. »

3　「前置詞＋qui または lequel」において，qui, lequel は人を表すことができます．例文で確認しましょう．

11. La France, reine du tourisme

- Les touristes japonais pour qui / pour lesquels les rues doivent être propres sont souvent choqués par le peu de considération que les Français ont à l'égard de la propreté.
- 観光客の発言です．« Les Français à qui / auxquels j'ai demandé mon chemin ont tous été très sympathiques. »

4 qui または lequel でかっこをうめましょう．両方が可能な場合は，両方とも使いましょう．縮約があるかもしれません．

1. Le tourisme est un secteur important grâce à (　　　) la France réalise 7 % de son PIB.（2015年の日本の観光業がGDPに占める割合は2.6％．）
2. Les restaurants touristiques sont chers. Ce touriste est étonné par un croque-monsieur pour (　　　) il a payé 17 euros.
3. À Notre-Dame de Paris, il y a des guides avec (　　　) vous pouvez visiter la cathédrale en groupe. Vous avez aussi des guides japonophones à (　　　) vous pouvez poser des questions en japonais pour approfondir vos connaissances.（2016年時点の情報です．）

読解

1. 第1段落の0,9（日本の表記で0.9）という数字を説明して下さい．
2. 第1段落の « Si A, B »（もし A ならば，B）という表現の，この文章における A と B を説明して下さい．
3. 第1段落の « A favoriser B »（A は B を促進する）という表現の，この文章における A と B を説明して下さい．
4. 第2段落の « A être dû à B »（A は B を原因とする）という表現の，この文章における A と B を説明して下さい．
5. 第3段落の15％は何を表し，なぜこの数値に至ったのですか．
6. 最後の段落の « Bien que A, B »（A にもかかわらず，B）という表現の，この文章における A と B を説明して下さい．

Brexit ?
ブレグジットとは？

1 « Brexit » est un terme anglais composé des mots « British » et « exit ». Il s'agit de la sortie de la Grande-Bretagne de l'Union européenne. Le terme lui-même vient de « Grexit » qui avait été créé lors de la crise déficitaire de la Grèce en 2015.

5 En juin 2016, un référendum a eu lieu au Royaume-Uni pour décider si le pays allait quitter l'UE ou y rester. Et, à la grande surprise de tous, y compris peut-être de ceux mêmes qui avaient voté pour la sortie, les voix pour quitter l'UE (51,9 %) ont été supérieures aux voix pour y rester (48,1 %).

10 Le résultat de ce référendum anime les eurosceptiques d'autres pays européens comme les Pays-Bas, l'Autriche, la République tchèque… et la France où, d'après une étude, environ 40 % des Français souhaiteraient sortir de l'UE. Ces 40 % sont excédés

de la gestion des migrants et de la crise financière grecque par l'UE. Parmi les eurosceptiques, Marine Le Pen, présidente du Front National, le parti politique français d'extrême-droite, en appelle déjà au référendum pour consulter les Français.

Quant aux entreprises françaises qui exportent en Grande-Bretagne, elles s'inquiètent des conséquences du référendum anglais. Pour le moment, elles ne sont pas soumises aux taxes douanières, mais, quand le Royaume-Uni ne sera plus membre de l'UE, il faudra alors en payer. Cela rendra leurs produits plus chers, et donc moins attractifs pour les consommateurs anglais. De plus, la sortie de la Grande-Bretagne va certainement engendrer la baisse de sa monnaie, la livre sterling, par rapport à l'euro. Dans un tel cas, les produits français de la zone euro seront vendus encore plus chers au Royaume-Uni et il est très probable que les consommateurs anglais en achèteront moins. En somme, de mauvaises prévisions s'annoncent pour ces entreprises !

文法 間接話法（平叙文）

1 間接話法（1）：人称を変える場合があります。

以下はイギリス国民投票前夜，日本のテレビで日本人専門家が行った発言です。

(1a) « Nous investissons beaucoup en Angleterre. »

(1b) « Le Royaume-Uni est notre deuxième destination d'investissement après les États-Unis. »

その発言を，フランスのテレビ局が間接話法で伝えています。

(1b) Un expert japonais dit qu'<u>ils investissent</u> beaucoup en Angleterre.

(2b) Il précise que le Royaume-Uni est <u>leur</u> deuxième destination d'investissement après les États-Unis.

2 間接話法（2）：時制の一致を行う場合があります。

以下は，イギリスでの国民投票の結果を受けて，テレビで日本人の専門家が行った発言です。

(1a) « La Grande-Bretagne <u>a décidé</u> de sortir de l'Union européenne. »（複合過去）

(2a) « Nous <u>investissons</u> beaucoup en Angleterre. »（現在）

(3a) « Le résultat du référendum <u>aura</u> sur nous un grand impact. »（単純未来）

その発言を，フランスのテレビ局が，数年後に伝えています。

(1b) L'expert japonais a dit que la Grande-Bretagne <u>avait décidé</u> de sortir de l'Union européenne. （大過去にする）

(2b) Il a expliqué qu'ils <u>investissaient</u> beaucoup en Angleterre. （半過去にする）

(3b) Il a prévu que le résultat du référendum <u>aurait</u> sur eux un grand impact. （条件法現在にする）

3 間接話法（3）：hier, aujourd'hui, demain, il y a, dans などの，時の表現を変えます。

以下は，イギリスでの国民投票の結果を受けて，テレビで日本人の専門家が行った発言です。

(1a) « Le résultat d'<u>hier</u> nous a beaucoup surpris. »

12. Brexit ?

(2a) « <u>Dans</u> quelques semaines, le Royaume-Uni aura un nouveau Premier Ministre. »

それを，フランスのテレビ局が，過去の発言として伝えています．

(1b) Il a confirmé que le résultat de <u>la veille</u> les avait beaucoup surpris.

(2b) Il a prévu que, <u>après</u> quelques semaines, le Royaume-Uni aurait un nouveau Premier Ministre.

4 以下は，イギリスの国民投票の結果を受けて，テレビで日本人の専門家が行った発言です．発言の4つの文を，順番に間接話法にしましょう．

« La Grande-Bretagne est un partenaire important pour nous. Par exemple, Hitachi a installé une usine dans le nord de l'Angleterre il y a un an. Et cette usine construit des trains pour les exporter dans des pays de l'UE en ce moment. Mais dans un ou deux ans, quand le Royaume-Uni sortira de l'Union, il faudra payer des taxes douanières pour l'exportation. »

1. L'expert japonais a dit que...
2. Il a expliqué que...
3. Il a dit que...
4. Mais il a précisé que...

読解

1 Brexit と Grexit という用語について説明して下さい．

2 y rester（第2段落）の y は，何を指していますか．

3 y compris peut-être de ceux mêmes qui avaient voté pour la sortie（第2段落）は，どのような意味を強調するために，ここに入れられているのですか．

4 40％（第3段落）は，どのような人々ですか．2点答えて下さい．

5 Marine Le Pen は，何を呼びかけていますか．

6 最後の段落の mauvaises prévisions について解説して下さい．2点あります．

13. Attentat à Nice
ニースのテロ事件

1   Le 14 Juillet est la fête nationale de la France. À Paris, aux Champs-Élysées, un grand défilé militaire a lieu chaque année et, partout en France, on organise des animations festives. À Nice, par exemple, il y a un feu d'artifice magnifique tous les
5   ans. Pour l'admirer, des Niçois et des vacanciers s'installent sur la Promenade des Anglais, une longue avenue de sept kilomètres au bord de la mer.

Le soir du 14 juillet 2016, à Nice, le feu d'artifice a duré une vingtaine de minutes, de 22 heures à 22 heures 20. Vers
10 22 heures 30, un poids-lourd de 19 tonnes a pénétré sur la Promenade des Anglais, bien que les véhicules de 3,5 tonnes et plus n'y soient pas autorisés. Puis, le véhicule s'est engagé à toute vitesse en zigzaguant, écrasant tout sur son passage. Le

criminel, un ressortissant tunisien, a été abattu au bout de sa course par des policiers. Deux jours plus tard, le groupe terroriste État islamique a revendiqué cet attentat. On a dénombré par la suite 86 morts et plus de 450 blessés.

Par l'annonce de son Premier ministre, le président François Hollande a décrété trois jours de deuil national. Quant au Parlement, il a voté une prolongation de six mois supplémentaires de l'état d'urgence. C'est le soir des attentats du 13 novembre 2015 à Paris que cet état d'urgence avait été initialement annoncé. Puis, il a été prolongé à trois reprises : le 26 novembre 2015, le 20 février et le 19 mai 2016. La prolongation de mai 2016 devait s'achever le 26 juillet 2016, après l'Euro 2016 de football (du 11 juin au 11 juillet) et le Tour de France de cyclisme (du 2 au 24 juillet). Mais, en raison de l'attentat de Nice, l'état d'urgence a été prolongé une quatrième fois.

文法 間接話法（疑問文・命令文）

[1] 間接話法（4）（12課の続き）：全体疑問文では si を，部分疑問文では使われている疑問詞をそのまま用います．ただし qu'est-ce que は ce que, qu'est-ce qui は ce qui に変えます．

- 国会議員の発言 « Faut-il prolonger l'état d'urgence ? » → Les parlementaires discutent s'il faut prolonger l'état d'urgence.
- 国会議員の発言 « Pendant combien de temps aurons-nous besoin de prolonger l'état d'urgence ? » → Les parlementaires se demandent pendant combien de temps ils auront besoin de prolonger l'état d'urgence.
- 治安部隊の発言 « Qu'est-ce que nous pouvons faire pour empêcher les attaques terroristes ? » → Les forces de l'ordre se demandent ce qu'elles peuvent faire pour empêcher les attaques terroristes.
- 新聞記者の発言 « Qu'est-ce qui s'est passé à Nice ? » → Les journalistes veulent savoir ce qui s'est passé à Nice.

[2] テロ事件後の捜査を行っている警察の発言です．

« Il y a des complices ? Qui a aidé l'auteur de l'attentat ? Combien de complices y a-t-il ? Qu'est-ce qui les a poussés à commettre un tel crime ? »

上の発言の4つの質問を間接話法に直し，かっこをうめましょう．

La police fait des enquêtes pour savoir (1). Elle recherche (2) et (3). Le parquet analyse (4).

[3] 間接話法（5）：命令文は「de +（ne pas）+ 不定詞」にします．以下は，テロ事件後に担当大臣が仏国民に対して行った呼びかけです．

« Faisons tous nos efforts pour lutter contre le terrorisme ! Ne cédons jamais à la violence ! Mettons-nous en garde contre les attentats ! »

この大臣の発言を，日本のメディアが伝えています．

Un ministre français dit aux Français de faire tous leurs efforts pour lutter contre le terrorisme, de ne jamais céder à la violence et de se mettre en garde contre les attentats.（点線部では代名詞の人称の一致もあります．）

13. Attentat à Nice

4 事件から1ケ月後にニースでサッカーの試合が行われ，試合前に追悼行事が行われました．死を悼む服の色は，フランスでは黒・紫・灰色・白の4色が主流です．以下は，その実況中継です．

« L'attentat a eu lieu il y a un mois à Nice. Regardez le terrain du stade. Vous voyez les joueurs des deux équipes en T-shirt blanc ? Avant le coup d'envoi, les joueurs vont participer à la cérémonie qui durera un quart d'heure. Dirigez votre regard vers les tribunes. Les spectateurs, eux aussi, sont habillés en blanc. »

実況中継のことを思い出しながら，同じアナウンサーがパリの自宅で語っています．下線部分に注意しながら，間接話法にしましょう．

« D'abord, j'ai rappelé (　1　) à Nice. Puis j'ai proposé aux téléspectateurs (　2　). Je leur ai demandé (　3　). J'ai expliqué (　4　) qui (　5　). Ensuite, j'ai dit aux téléspectateurs (　6　). J'ai fait remarquer (　7　). »

読解

1 par exemple（第1段落）は「例えば」という意味です．ここでNiceは，何の例としてとりあげられているのですか．

2 des Niçois et des vacanciers は，何をしていますか（第1段落）．

3 第2段落に « A, bien que B » （BであるにもかかわらずA）という表現があります．この文章におけるAとBを説明して下さい．

4 テロの実行犯と，その背後について説明してください．

5 trois（第3段落）は何を表す数字ですか．

6 第3段落に登場する5つの日付（le 13 novembre 2015からle 26 juillet 2016まで）は，どのような関係にありますか．

7 なぜle 26 juillet 2016という日が選ばれたのですか．

Le camembert... de Normandie
カマンベール... ただしノルマンディーの

Pendant la Révolution française, l'Assemblée nationale a voté en 1790 la « Constitution civile du clergé » pour soumettre l'Église, issue de l'Ancien Régime, car jugée trop puissante. Tous les prêtres devaient alors accepter cette constitution et prêter serment, mais des prêtres ont refusé de s'y plier. C'est le cas de l'abbé Bouvoust qui a dû fuir la région de Brie pour se cacher en Normandie, dans le village de Camembert. Là, il s'est réfugié dans le manoir des Harel, une famille de fermiers.

À cette époque déjà, la région de Brie était connue pour son fromage, le brie, et le prêtre briard a transmis les techniques de fabrication du brie à Marie Harel. Grâce à lui, elle a réussi à créer un nouveau fromage, le camembert. Puis les descendants de Marie Harel ont amélioré la qualité de ce fromage, et sa réputation s'est étendue non seulement en France, mais aussi à l'étranger.

La popularité du camembert a pris une telle ampleur que l'on a commencé à en fabriquer un peu partout en Normandie et même au-delà. Ce succès dépassant les frontières a inquiété les fabricants de Normandie qui ont alors créé un syndicat en 1909 et intenté plusieurs procès contre des fromageries extérieures à leur pays. C'est en 1926 que le verdict est enfin tombé à la cour d'appel d'Orléans : à la déception des Normands, le nom « camembert » est devenu un terme générique. Cela signifiait que n'importe qui pouvait désormais librement utiliser le terme de camembert.

Les fabricants normands ne se sont pas découragés pour autant. Ils ont créé une nouvelle appellation, « Camembert de Normandie », qui a réussi à obtenir l'Appellation d'origine contrôlée (AOC) depuis 1983 et même l'Appellation d'origine protégée (AOP) depuis 1996.

文法 指示代名詞

1 指示代名詞（1）：celui / celle / ceux / celles は単独では用いず，以下の表現（下線部分）を後に続けます．1〜3の見出し部分には，celui / celle / ceux / celles の4つの形を代表させて celui しか書いてありません．

1. celui-ci / celui-là
   チーズ売り場の店員の発言です．« Celui-ci est un vrai camembert de Normandie, mais celui-là n'est qu'un simple camembert. »

2. celui de...
   L'AOC est une appellation contrôlée de la France, et l'AOP est celle de l'Union européenne.

3. celui＋qui / que / dont / où...
   チーズ売り場の店員の発言です．« Ceux que nous avons dans notre magasin sont des camemberts de Normandie. Mais ceux qui sont vendus ailleurs ne le sont pas toujours. »

2 上で説明した1〜3の形を使って，かっこをうめましょう．

1. Le camembert de Normandie est différent de (　　　) sont industriels.
2. Les camemberts industriels sont fabriqués dans des usines automatisées, mais (　　　) Normandie est fait selon un savoir-faire transmis de génération en génération.
3. La filière du camembert de Normandie regroupe 9 fromageries et 700 producteurs laitiers. (　　　) fournissent leur lait aux fromageries qui le transforment en plus de 15 millions de camemberts par an.
4. La plupart des camemberts de Normandie sont consommés en France. (　　　) sont exportés ne représentent que 10% de la totalité de la production.

3 指示代名詞（2）：先行詞が見当たらず，celui / celle / ceux / celles ＋ qui... が既出の名詞を代理していない場合は，「〜な人（たち）」という意味になります．

1. Ceux qui n'ont pas le droit à l'AOP mais qui veulent en profiter malgré tout ont inscrit « fabriqué en Normandie » sur leurs produits. Cela peut apporter de la confusion.

14. Le camembert... de Normandie

2. Selon la tradition, <u>celle qui</u> a créé le camembert s'appelle Marie Harel, une fermière normande.

4 かっこを，この課で学習した指示代名詞の表現でうめましょう．
1. On utilise les laits de vache, de brebis ou de chèvre pour fabriquer des camemberts. Mais pour faire (   ) Normandie sous l'AOP, on n'a droit qu'au lait de vache.
2. On peut pasteuriser le lait pour faire des camemberts. Mais (   ) est employé pour faire le camembert de Normandie doit être cru.
3. (   ) préfèrent le camembert au lait cru peuvent s'assurer de la conformité du produit grâce au label AOP.
4. Sous l'AOP, même l'alimentation fourragère des vaches est contrôlée. (   ) concerne le camembert de Normandie doit provenir du lieu d'exploitation et les aliments complémentaires sont limités quotidiennement à 6 kg par vache.（解説：牛は1日に数十キロのエサを食べます．）

読解

1 第1段落の文章から，Constitution civile du clergéはどのような内容であったと推測できますか．

2 des prêtres（第1段落）の不定冠詞desは，どのようなことを意味していますか．

3 カマンベールは，どのような経緯でこの世に誕生したのですか．

4 les descendants de Marie Harelは，何を行いましたか．

5 第3段落にune telle ampleur que...（un tel A que B「あまりに激しいAなので，B」）という表現があります．この文章におけるAとBを説明して下さい．

6 第3段落にA signifier que B（AはBを意味する）という表現があります．この文章におけるAとBを説明して下さい．

7 Les fabricants normands ne se sont pas découragés. の結果，どのようなことがおきましたか．

Famille française et natalité
フランスの家族と出生率

1   En mars 2016, l'Ined (Institut national des études démographiques) et l'Insee (Institut national de la statistique et des études économiques) ont publié un rapport qui nous présente l'image d'une famille française moyenne. Cette étude
5   a analysé le parcours de vie d'environ 10 000 personnes de 18 à 79 ans.

D'après l'étude, près d'une personne sur dix a « une relation amoureuse stable avec quelqu'un qui réside dans un autre logement » ; autrement dit, des couples vivent séparément.
10 Parmi les couples qui vivent ensemble, 87 % des hommes et 80 % des femmes ont répondu être « satisfaits de leur relation ».

L'enquête nous dit que « rester intentionnellement sans enfants est rare ». L'intention d'avoir des enfants ou non varie selon l'âge et la situation économique des couples. Le chômage est un facteur important, influant sur la décision d'avoir un premier enfant. « Les personnes au chômage qui n'ont pas d'enfants ont moins souvent l'intention d'en avoir un à court terme », selon l'enquête. En revanche, le chômage ne joue pas directement sur la venue des enfants suivants. Quant à l'emploi des mères en France, 70 % de celles qui ont eu leur premier enfant (re)travaillent six mois après l'accouchement. Par contre, au Japon, environ 60 % des femmes quittent leur travail après l'accouchement.

Selon une autre enquête de l'Ined publiée en 2015, la France affiche le nombre de 1,98 enfant par femme. Concernant le taux de natalité, elle était ainsi la championne d'Europe, devançant l'Irlande (1,96), la Suède (1,89) et le Royaume-Uni (1,83). Selon les démographes, il faut 2,05 enfants pour que les générations se renouvellent. La France est donc juste en dessous de ce niveau, alors qu'au Japon le taux de natalité n'était que de 1,46 enfant par femme en 2015.

文法　接続法と直説法，接続法の現在と過去

1 接続法 (1)：主節が感情（願望・喜び・恐れなど）や主観的判断（必要性・疑惑・不確実など）を表している時に使います．これに対し，主節が確実性を表している時は，直説法を用います．

- Pour le renouvellement des générations, il faut que le taux de natalité soit supérieur à 2 enfants.（必要性）
- Il est certain que beaucoup de Français souhaitent avoir des enfants.

2 接続法現在の活用を確認し，次に quitter を接続法現在に活用させましょう．

活用語尾

je	-e	nous	-ions
tu	-es	vous	-iez
il/elle	-e	ils/elles	-ent

afficher

j'affiche	nous affichions
tu affiches	vous affichiez
il/elle affiche	ils/elles affichent

3 直説法・接続法のどちらかに印をつけ，かっこ内の動詞を活用形にしましょう．

1. En 1990, comme le gouvernement japonais craignait que le taux de natalité (poursuivre) sa baisse, il a créé le « plan Angel ».「エンゼルプラン」　□直説法　□接続法
2. Il est sûr que l'accès à un emploi (être) une des conditions importantes pour fonder une famille.　□直説法　□接続法
3. En 2015, le Premier ministre Shinzo Abe a affirmé qu'il voulait que le taux de natalité (atteindre) 1,8.　□直説法　□接続法
4. Il est vrai que le chômage (avoir) une influence négative sur l'intention d'avoir des enfants.　□直説法　□接続法

4 接続法 (2)：avant que, jusqu'à ce que, pour que, bien que, à condition que などで始まる副詞節で使います．

Pour que le taux soit plus élevé au Japon, il faut mettre en place plusieurs mesures politiques.

5 接続法を要求する表現に下線を引き，かっこの動詞を活用形にしましょう．

1. Le taux de 1,8 enfant est possible au Japon à condition que 89,4 % des

15. Famille française et natalité

femmes actuellement célibataires (avoir) 2,12 enfants à l'avenir.
2. Bien que de nombreuses mères (souhaiter) travailler, des crèches manquent au Japon.
3. Shinzo Abe a promis de faire tous ses efforts jusqu'à ce que la capacité des crèches (être) de 500 000 enfants.

6️⃣ 接続法（3）：接続法過去は，主節で述べられている事より以前に完了した事柄を表します．活用形は「助動詞 avoir/être の接続法現在＋過去分詞」です．
En 2015, bien que la natalité <u>ait baissé</u> de 2,75% par rapport à 2014, la France <u>est restée</u> championne d'Europe sur le plan de la fécondité.

7️⃣ かっこの動詞を，接続法現在と過去のどちらかにしましょう．
1. Le gouvernement français est content que la France (être) la championne de la fécondité car cela signifie que sa politique familiale fonctionne. L'opposition regrette que les allocations familiales (baisser 受動態).
2. Bien que la crise économique (continuer), le taux de natalité reste élevé en France.
3. Il est regrettable que la construction de plusieurs crèches au Japon (annuler 受動態) en raison de l'opposition des riverains.

読解

1️⃣ 第1段落の数字10 000, 18, 79を説明して下さい．

2️⃣ 第2段落の数字 une personne sur dix, 87, 80を説明して下さい．

3️⃣ 第3段落に A. En revanche B (A. そのかわり B) という表現があります．この文章における A と B を説明して下さい．

4️⃣ 第3段落に A. Par contre B (A. それに対して B) という表現があります．この文章における A と B を説明して下さい．

5️⃣ devançant（第4段落）の主語は何ですか．

6️⃣ La France est donc... de ce niveau の部分を解説して下さい．

アンフォ vol.5
－フランス語でニュースを読む－

井 上 美 穂
Florence Yoko Sudre 著

2018. 2. 1　初版発行
2021. 4. 1　2刷発行

発行者　井　田　洋　二

〒 101-0062 東京都千代田区神田駿河台 3 の 7
発行所　電話　03(3291)1676 FAX 03(3291)1675
　　　　振替　00190-3-56669

株式会社　駿河台出版社

製版・印刷・製本　フォレスト

ISBN978-4-411-01353-8　C1085

http://www.e-surugadai.com